Pregunta al
Dr. Edi Lupa

sobre los
Reptiles

Escrito por
Claire Llewellyn

Ilustrado por
Kate Sheppard

EDILUPA

Claire
(autora)

Kate
(ilustradora)

Edilupa Ediciones, S.L.,

ISBN 978-84-96609-23-5

Edición original: Kingfisher Publications Plc
Textos e idea: Claire Llewellyn
Traducción al español: Irene Sánchez Almagro

Edilupa Ediciones, S.L.

C/ Talavera, 9

28016 MADRID

España

www.lisma.es

Pregunta al Dr. Edi Lupa sobre...

 4 Cocodrilos y estar fresquito

 6 Lagartijas y colas que vuelven a crecer

 8 Guía del Dr. Edi Lupa sobre las defensas de los reptiles

 10 Serpientes cascabel y advertencias sonoras

12 Tortugas y buscar un nido

 14 Guía del Dr. Edi Lupa sobre crías de reptiles

 16 Lagartos voladores y ganas de volar

 18 Tortugas y estar fresquito en el desierto

 20 Guía del Dr. Edi Lupa sobre los hábitats de los reptiles

 22 Iguanas marinas y piel escamosa

 24 Pitones y presas escurridizas

 26 Guía del Dr. Edi Lupa sobre la alimentación de los reptiles

 28 Camaleones y cambios de color

30 Glosario

32 Índice de términos

¡Qué calor, qué calor!

rana

Querido Dr. Edi Lupa:

soy un cocodrilo y nada me gusta más que el sol. Paso las horas poniéndome moreno todos los días, pero sé que el sol es muy fuerte, ¿crees que me estoy pasando?

Amante del sol,
en la ciénaga.

El pantano
23 agosto
correos

Dr. Edi Lupa

C/Volando sobre el agua, 1

Arroyo fresco, 321

El Soto

cocodrilo calentándose

4

espátulas

Dr. Edi Lupa
¡Solución a tus problemas!
C/ Volando sobre el agua, 1
Arroyo fresco 321. El Soto

Querido Amante del sol:

todos los reptiles necesitan mucho sol. Esto es así porque sois de sangre fría, y la temperatura de vuestro cuerpo cambia según el entorno. Por las mañanas, después de noches largas y frías, el cuerpo se os queda lento y aletargado, ni siquiera podéis digerir la comida. Por eso es muy importante que remoloneéis bajo el sol. Cuando el cuerpo se te caliente, tendrás más energía. Si luego sientes calor, abre la boca y deja que la brisa te entre. También puedes irte a la sombra o darte un baño en la fresca agua de la ciénaga.

Saludos cordiales,
Dr. Edi Lupa

¡a refrescarse!

5

¡Me he librado de suerte!

Querido

Dr.Edi Lupa:

Soy una lagartija que ha tenido un accidente horrible. El otro día me atacó una serpiente que me mordió la cola. Conseguí escapar, por suerte, pero me gustaba mi cola. Ahora me da vergüenza que mis amigos me vean sin ella. ¿Cómo volveré a recuperar la confianza?

Sin cola, en el trópico

Serpiente de árbol

lagartija

serpiente
del árbol

gecko

6

tarseros

Dr. Edi Lupa
¡Solución a tus problemas!
C/ Volando sobre el agua, 1
Arroyo fresco 321. El Soto

Querido Sin cola:

Cuando un depredador ataca a una lagartija como tú, a menudo la sujeta de su larga cola. Pero no saben que esa es vuestra gran defensa, la cola se suelta y se mueve en el suelo. Es un truco magnífico que pilla por sorpresa al depredador y da a la lagartija la posibilidad de escapar. Tengo una buena noticia, la cola volverá a crecerte las próximas semanas. Es posible que tenga un color un poco diferente, y estará formada por un cartílago elástico en lugar de un duro hueso. Pero bueno, ¡una cola es una cola!

Atentamente,

Dr. Edi Lupa

¡cola nueva!

pasa la página para saber más sobre las defensas de los reptiles...

7

Guía del Dr. Edi Lupa sobre las defensas de los reptiles

Los reptiles más pequeños son un plato jugoso para mamíferos, pájaros y grandes reptiles. Sin embargo, muchos de ellos cuentan con defensas inteligentes, y podríamos darles un premio por sus habilidades de supervivencia.

MEJOR SUPERVIVIENTE – lagarto de Kingy

Despliega la gola del cuello para parecer más grande y asustar

CAMPEÓN DE SUPERVIVENCIA – culebra de collar

Hace como que está muerta para que los depredadores crean que no es comida fresca

8

MEJOR DISFRAZ - lagarto hoja

Se transforma y parece una hoja

GENIO DEL ESCONDITE - tortuga

Se esconde tras su armadura: un fuerte caparazón protector

Los mejores consejos del Dr. Edi Lupa

★ No olvidéis la importancia del factor sorpresa. Hasta sacar la lengua puede asustar al depredador.

★ No os quejéis si tenéis púas y espinas. ¡Hacen que sea casi imposible comeros!

★ Si os protegéis con un camuflaje, recordad que tenéis que estar muy quietos. El disfraz no servirá si os movéis demasiado.

9

Aquí una serpiente que quiere crecer

Una historia de miedo

Querido Dr. Edi Lupa:

soy una serpiente cascabel y, aunque ya tengo un año, todavía juego con el sonajero que tengo al final de la cola. Mis amigos dicen que los sonajeros son para los bebés, y se ríen de mí por lo bajini. Pero parece que no pueda dejar de hacerlo, ¿creceré alguna vez?

Serpiente cascabelera,
en el desierto de Arizona

serpiente cascabel diamante

Querida Serpiente cascabelera:
tenemos que aclarar una cosa: tu cascabel no es como un
sonajero de bebé; es un sistema de advertencia. Tu cola
está formada por unos anillos secos y escamosos que
emiten un fuerte ruido cuando los mueves. Cuando los
animales cercanos lo oyen, se quedan paralizados, y
huyen lentamente. ¿Por qué? Porque saben que
tienes un veneno mortal que podía matarlos en un
pispás. Hacer sonar tu cola evita peleas
peligrosas en las que podrías
resultar herida. Así,
también ahorras tu preciado
veneno para otra ocasión.

Saludos cordiales,

Dr. Edi Lupa

zorro gris intentando
no ser visto

11

¡Qué cansada estoy!

Querido Dr. Edi Lupa:

soy una hembra de tortuga verde y cada año me alejo de las mejores zonas de comida y nado cientos de kilómetros para poner los huevos en una playa lejana. Este año, no seré capaz de hacer un viaje tan largo, y estoy pensando en dejar los huevos en una playa más cercana a casa. El resto de tortugas dicen que no es una buena idea, ¿tú qué crees?

Buscando vivir tranquila,
en el Océano Índico

tortuga verde

ruta hacia el nido

Querida Buscando vivir tranquila:

mi recomendación es que sigas yendo a tu sitio habitual a poner los huevos. Probar en otra playa es muy arriesgado. ¿Será la arena lo suficientemente blanda como para hacer un agujero?, ¿estarán los huevos seguros frente a la marea?, ¿cómo encontrarás una tortuga macho si todos nadan al sitio de siempre? Tienes razón, el viaje es muy largo. Si estás muy cansada, podrías descansar un año, como hacen la mayoría, que no se reproducen todos los años. Pero, ¿por qué perder tiempo? Las tortugas sois grandes nadadoras, y no hay nadie con vuestra habilidad para navegar.

Buena suerte,

Dr. Edi Lupa

¡hecho!

pasa la página para saber más
sobre las crías de los reptiles...

13

Guía del Dr. Edi Lupa sobre crías de reptiles

La mayoría de *bebés de reptil* nacen de sus huevos, pero otros se desarrollan en el cuerpo de sus madres y nacen vivos. Casi ninguno de ellos recibe al nacer el cuidado de sus padres. Las fichas sobre crías de esta página explican cómo son cuatro reptiles diferentes.

¡Enhorabuena, mamá cocodrilo!

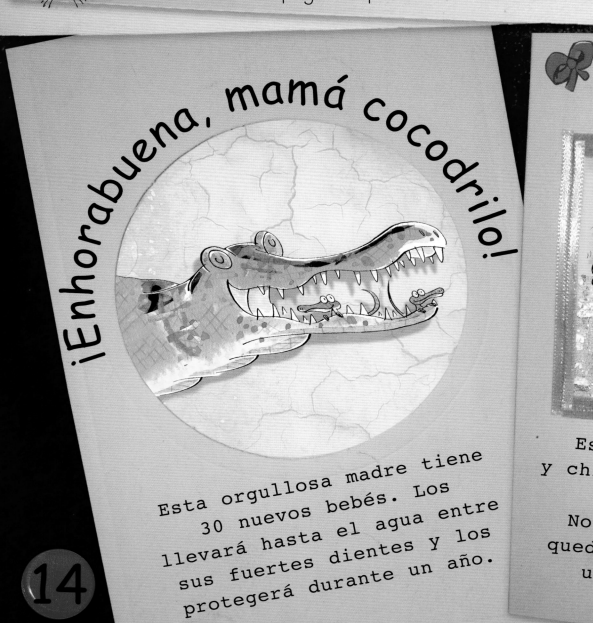

Esta orgullosa madre tiene 30 nuevos bebés. Los llevará hasta el agua entre sus fuertes dientes y los protegerá durante un año.

¡Nueva familia de culebras del maizal!

Estos fuertes chicos y chicas acaban de romper el cascarón. No tienen prisa, y se quedarán dentro todavía un día o dos más.

Anuncio de la llegada segura de tortugas

Su madre dejó los huevos en un agujero en la arena. Ahora, los bebés de tortuga están quitándola para salir, listos para vivir la vida.

Nuevas serpientes de mar

Estos escurridizos bebés no nacen de un huevo, sus madres paren en el mar. Las valientes miniserpientes nadan por sí solas de golpe.

Los mejores consejos del Dr. Edi Lupa

★ Planifica qué familia quieres: si colocas los huevos en suelos cálidos tendrás más machos, si los colocas en suelos fríos, más hembras.

★ Poned los huevos en zonas secas, nunca húmedas.

★ No os preocupéis por dejar solos a vuestros pequeños. Tienen todas las habilidades e instintos que necesitan para sobrevivir.

Aquí un lagarto que quiere volar

Arriba, arriba, y, ¿listos?

Querido Dr. Edi Lupa:

soy un lagarto volador que vive en la selva. Cada día doy gracias a las estrellas por las alas que me permiten planear entre los árboles. Pero me he dado cuenta de que los pájaros vuelan muy alto y suben por el cielo, mientras que yo sólo puedo volar hasta los árboles o planear hasta el suelo. ¿Por qué no puedo volar como los pájaros? Quiero ir más allá.

Volador, en el bosque

lagarto volador

loros

Dr. Edi Lupa
¡Solución a tus problemas!
C/ Volando sobre el agua, 1
Arroyo fresco 321. El Soto

Querido Volador:

siento decepcionarte, pero nunca podrás volar como los pájaros. Las "alas" que tienes a ambos lados del cuerpo son sólo faldones de piel que se hinchan como un paracaídas cuando saltas por los árboles. A diferencia de los pájaros, no tienes músculos en las alas, y no eres lo suficientemente fuerte como para volar por el cielo. Sin embargo, tienes que estar contento, eres más un excelente saltador que un mal volador. Disfruta de tus brincos por el bosque.

Atentamente,

Dr. Edi Lupa

17

Aquí una tortuga muy triste

Problemas al ir al baño

cactus

Querido Dr. Edi Lupa:

soy una tortuga del desierto, y me ha pasado algo muy embarazoso. Estaba hoy echada al sol y, no hay otra manera de decir esto, me he hecho pis encima. Por suerte, me he secado rápido, pero estoy segura de que otros animales lo han visto. ¡Casi me muero de vergüenza! ¿Cómo me puedo asegurar de que no volverá a pasar?

¡Qué me da algo!, en las dunas

18

tortuga del desierto

ratas canguro

Dr. Edi Lupa
¡Solución a tus problemas!
C/ Volando sobre el agua, 1
Arroyo fresco 321. El Soto

Querida ¡Qué me da algo!:

no seas tan dura contigo misma. El desierto es tan caluroso que tu cuerpo puede sobrecalentarse. De hecho, si pasas demasiado tiempo al sol, ¡podrías asarte viva! Mojarte las patas es una medida de emergencia que te ayuda a sobrevivir. El líquido enfría tu cuerpo. Esto sucede en muy pocas ocasiones, así que intenta no darle importancia. Normalmente, llevas bien el calor: descansando en una madriguera subterránea y alimentándote a las horas más frescas del día.

refrescándose en la madriguera

¡Mucha suerte!

Dr. Edi Lupa

pasa la página para saber más sobre los hábitats de los reptiles...

19

Guía del Dr. Edi Lupa sobre los hábitats de los reptiles

Los reptiles viven en todas las partes del mundo, y se han adaptado a hábitats muy diferentes. Estos tres reptiles tienen características especiales en sus cuerpos que hacen que se sientan perfectamente en el hábitat que escogen.

Lagartos Palmatogecko rangei, andando por el desierto.

Tenemos la piel escamosa, que nos protege del sol y las patas largas que alejan el cuerpo de la arena caliente. Podemos resistir con muy poca comida y agua.

Tortugas, ¡a bucear por el océano!

Nuestras lisas conchas y fuertes aletas nos ayudan a nadar rápidamente. Podemos estar bajo el agua durante dos horas seguidas.

Boas esmeraldas, colgadas por la jungla

Mi piel verde tiene manchas brillantes que me ayudan a esconderme entre las hojas iluminadas. Soy muy fuerte, y puedo subir a los árboles y estar agarrada a sus ramas todo el día.

Los mejores consejos del Dr. Edi Lupa

★ Recuerda que dejar tu hábitat puede ser peligroso. Una tortuga no está en tierra tan segura como lo está en el mar.

★ Que no te preocupe compartir hábitat con otros animales. Probablemente comáis diferentes tipos de alimentos y vuestro hogar esté en lugares diferentes.

★ Todos los hábitats tienen sus desventajas, así que intenta ser flexible. Si hace mucho calor, sal por la noche. ¿Mucho frío? Quédate bajo tierra.

21

¡Vaya pintas!

Querido Dr. Edi Lupa:

soy una joven iguana marina y estoy preocupada por mi piel. Es muy seca y escamosa, y tengo verrugas por la cabeza y púas por la columna. Para colmo, se me están pelando algunas manchas de la piel. ¿Pero esto qué es?

Deprimida, en las Islas Galápagos

El pantano
23 agosto
correos

Dr. Edi Lupa

C/Volando sobre el agua, 1

Arroyo fresco, 321

El Soto

piqueros de patas azules

22   iguana marina

Dr. Edi Lupa
¡Solución a tus problemas!
C/ Volando sobre el agua, 1
Arroyo fresco 321. El Soto

Querida Deprimida:

no te preocupes, tu piel es perfectamente normal. Todos los reptiles tenéis la piel dura y seca, cubierta de escamas que impiden que os sequéis por el sol. Las serpientes tienen escamas muy ligeras, mientras que las tortugas las tienen fundidas con hueso, formando su sólido caparazón. Las iguanas marinas os sumergís en el mar, por lo que vuestra piel tiene que ser muy dura para protegeros del agua salada y de la dureza de las rocas. Cuando creces, tu vieja piel se cae, pero debajo siempre espera una piel nueva, más grande y más brillante.

Atentamente,

Dr. Edi Lupa

cangrejo

¡nueva piel reluciente!

23

Serpiente de la hierba

pitón

Querido Dr. Edi Lupa:
soy una rata que necesita consejo.
Hay una pitón que siempre intenta
abrazarme. Estoy segura de que sólo
quiere ser mi amiga, pero las otras
ratas me dicen que no me acerque.
Creo que están celosas porque
seamos amigas. ¿Cómo lo ves?

Haciendo amigos,
en las colinas

24

ratas

¡URGENTE!

Dr. Edi Lupa
¡Solución a tus problemas!
C/ Volando sobre el agua, 1
Arroyo fresco 321. El Soto

Querido Haciendo amigos:
ni se te ocurra acercarte. Las pitones son serpientes muy fuertes, y las ratas son de sus comidas preferidas. Matan a sus presas estrangulándolas: en otras palabras, las aprietan mucho hasta que ya no pueden respirar. Otras serpientes cazan de manera diferente, como mordiendo a sus presas o inyectándoles veneno con sus largos colmillos. Todas las serpientes son excelentes cazadoras con los sentidos muy desarrollados, y utilizan sus lenguas bífidas para ver a qué saben sus presas. Las otras ratas están intentando salvarte la vida. Hazles caso.

Un cordial saludo,
Dr. Edi Lupa

Las boas estrangulan a sus presas.

Las serpientes olfatean con la lengua bífida.

Las serpientes venenosas muerden con sus colmillos.

pasa la página para saber más sobre cómo se alimentan los reptiles...

25

Guía del Dr. Edi Lupa sobre la alimentación de los reptiles

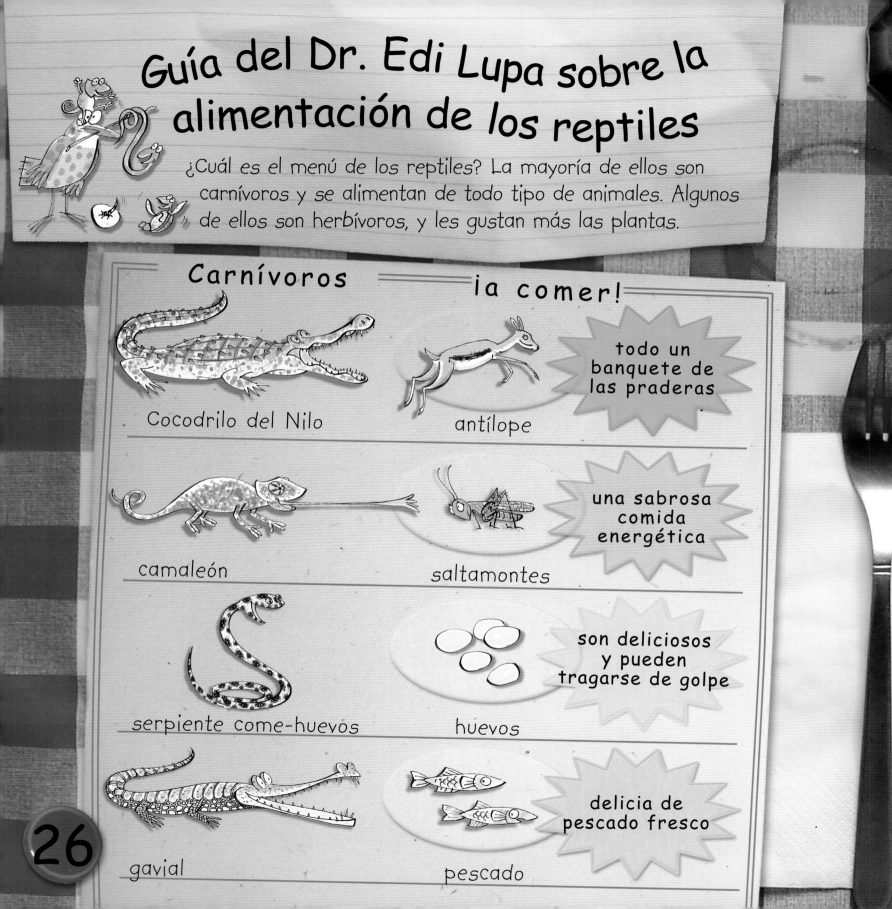

¿Cuál es el menú de los reptiles? La mayoría de ellos son carnívoros y se alimentan de todo tipo de animales. Algunos de ellos son herbívoros, y les gustan más las plantas.

Carnívoros

¡a comer!

Cocodrilo del Nilo

antílope

todo un banquete de las praderas

camaleón

saltamontes

una sabrosa comida energética

serpiente come-huevos

huevos

son deliciosos y pueden tragarse de golpe

gavial

pescado

delicia de pescado fresco

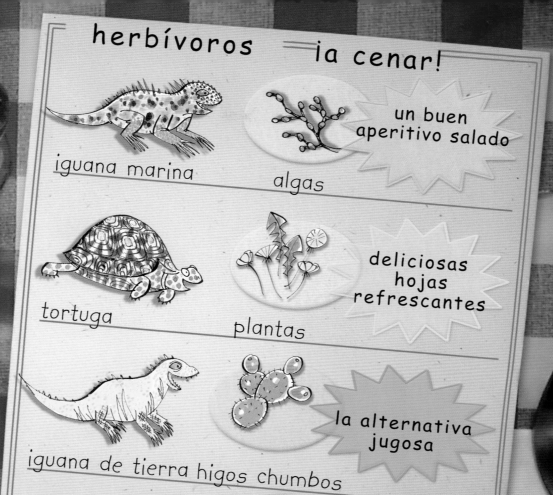

herbívoros ¡a cenar!

iguana marina — **algas** — un buen aperitivo salado

tortuga — **plantas** — deliciosas hojas refrescantes

iguana de tierra — **higos chumbos** — la alternativa jugosa

Los mejores consejos del Dr. Edi Lupa

⭐ No tengas prisa cuando vayas a cazar. Los mejores cazadores son los más pacientes y los que saben quedarse muy quietos.

⭐ No quieras conseguir algo todos los días. Una buena comida te llenará y dará energía durante días o semanas. Los reptiles no necesitáis alimentaros mucho.

⭐ Intenta comer todo tipo de alimentos. Así es más fácil que encuentres algo de comer.

¿Quién soy?

Querido Dr. Edi Lupa:
soy un camaleón pantera, y estoy muy confundido. De repente, estoy verde, luego, amarillo, rojo, blanco o marrón. ¿Por qué me cambia así el color de la piel?, ¿quién es el verdadero yo?

Hecho un lío, en Madagascar

yo

yo, otra vez

y otra

¡También yo!

camaleón pantera

28

Dr. Edi Lupa
¡Solución a tus problemas!
C/ Volando sobre el agua, 1
Arroyo fresco 321. El Soto

Querido Hecho un lío:

son muchas las razones por las que los camaleones pueden cambiar el color de su piel. Si te pones bajo el sol, tu piel palidece para reflejar la luz. Si tienes frío, se oscurece para absorber más calor del sol. Si te enfadas, te pones rojo para mostrar que estás preparado para la pelea. Las células de tu piel contienen vetas de color que pueden mezclarse en diferentes combinaciones según crezcan o encojan. Tu color habitual es el verde con manchas: perfecto para esconderse en los árboles.

¡Buena suerte!

Dr. Edi Lupa

Glosario

aleta
Pata que tiene la forma ideal para nadar.

aletargado
Tener sopor, sentirse perezoso.

boa
Tipo de serpiente que mata a sus presas estrujándolas.

camuflaje
Una forma o color que ayuda a que los animales se escondan.

carnívoro
Animal que se alimenta de otros animales.

cartílago
Sustancia elástica del cuerpo. Los esqueletos de los reptiles tienen huesos y cartílagos.

célula
Parte diminuta del cuerpo.

colmillo
Tipo especial de diente, afilado y puntiagudo.

criar
Cuidar bebés.

depredador
Animal que caza y mata a otros (presas) para alimentarse.

digerir
Asimilar la comida para que el cuerpo la utilice

escama
Finas láminas protectoras que cubren la piel de los reptiles y la endurecen y fortalecen.

estrangular
Ahogar hasta impedir la respiración.

hábitat
El lugar en el que viven los animales

herbívoro
Animal que se alimenta de plantas.

instinto
Conocimientos naturales de los animales de las cosas que necesitan hacer para sobrevivir.

lengua bífida
Dividida en dos partes.

madriguera
Cuevecita en la que viven ciertos animales.

presa
Animal de los que otros (depredadores) se alimentan.

reproducirse
Producir bebés junto con una pareja.

reptil
Animal de sangre fría con la piel dura y escamosa.

sangre fría
Sangre que se calienta o se enfría dependiendo de la temperatura exterior. Los reptiles tienen la sangre fría.

selva
Bosque espeso tropical. También se le llama jungla.

sobrecalentarse
Tener calor de más.

sobrevivir
Conseguir vivir en condiciones difíciles.

transformarse
Cambiar de forma o color para tener otro aspecto y huir del peligro.

trópicos
Partes del mundo cercanas al ecuador donde el clima es cálido.

Índice de términos

aletas, 21, 30
alimentos, 26, 27
animales de sangre
    fría, 4, 30

bebés, 14, 15

camaleones, 26,
    28, 29
camuflaje, 9, 30
caparazón, 9, 21
carnívoros, 26, 30
cocodrilos, 4, 14, 26
colas, 6, 7
colmillos, 25, 30
color, 28, 29

defensas, 8
depredadores, 8, 31
desiertos, 19, 20

escamas, 23, 31

hábitats, 20, 21, 30

herbívoros, 25, 30
huevos, 12, 13, 14,
    15, 26

iguanas, 22, 27
instintos, 15, 31

lagartijas, 6
lagartos, 8, 9,
16, 20
lagartos
voladores, 16

madriguera, 19

navegación, 13, 31

pájaros, 16
piel, 22, 23
pitones, 24, 25
presa, 31

ratas, 24

selva, 16, 31
serpiente cascabel,
    10
serpientes, 6, 8,
    10, 14, 15, 25, 26
sol, 4

tortugas, 9, 12, 13,
    15, 18, 21, 27
transformarse,
9, 30

veneno, 11, 25